AF381512

Analyse d'œuvre

Rédigé par Etienne Meunier

Huis clos

de Jean-Paul Sartre

Profil Littéraire

JEAN-PAUL SARTRE

- Né en 1905 à Paris
- Mort en 1980 à Paris
- **Quelques-unes de ses œuvres :**
  - *La Nausée* (roman, 1938)
  - *L'Être et le Néant* (essai philosophique, 1943)
  - *L'Existentialisme est un humanisme* (essai philosophique, 1946)

Né le 21 juin 1905 dans le 16e arrondissement de Paris, Jean-Paul Charles Aymard Sartre est aujourd'hui encore considéré comme l'un des plus grands intellectuels de son temps. Pourtant, certains le voient au contraire comme un imposteur. Véritable vedette de l'après-guerre, Sartre est tantôt adulé, tantôt conspué pour ses positions philosophiques et politiques.

Ainsi, il pourrait être comparé aux philosophes et écrivains d'aujourd'hui qui écument les plateaux télévisés et les émissions radio. Le parodique Jean-Sol Partre, inventé dans *L'Écume des jours* (1947) de Boris Vian (écrivain et artiste français,

1920-1959), témoigne de cette effervescence presque médiatique. Que ce soit pour ses écrits littéraires et philosophiques, ses positions politiques, ses relations mondaines dans le Saint-Germain-des-Prés des Trente Glorieuses (1946-1975), sa relation avec Simone de Beauvoir (femme de lettres française, 1908-1986), son amitié brisée avec Albert Camus (écrivain français, 1913-1960), ou son immense postérité, Sartre est rentré dans l'histoire intellectuelle de la France et de l'Europe, voire du monde.

Il ne faut pas sous-estimer l'influence des philosophes dans une époque où l'Europe devait se reconstruire économiquement et politiquement après l'horreur de la Seconde Guerre mondiale (1939-1945) ainsi qu'intellectuellement et philosophiquement après la découverte de la Shoah. En effet, la découverte de la solution finale a été un tel traumatisme qu'elle a signé la fin des philosophies humanistes ; il n'était plus possible d'avoir foi en l'humain.

De nombreux auteurs, de Sartre à la célèbre Hannah Arendt (philosophe américaine, 1906-1975), ont essayé de redéfinir l'homme et l'Humanité, ainsi que leur responsabilité. Ainsi, dans

Rapport de la banalité du mal, qu'elle rédige lors du procès d'Adolf Eichmann (criminel de guerre nazi allemand, 1906-1962) à Jérusalem en 1961, Arendt interroge la responsabilité des hommes dans les actes perpétrés durant la Seconde Guerre mondiale. D'une façon similaire, Sartre interroge la responsabilité des hommes (par exemple d'un déserteur) à travers la notion de mauvaise foi.

Après la Seconde Guerre mondiale, les écrivains et les intellectuels français ont joué un rôle non négligeable dans la politique de leur pays et dans la lutte qui opposait les communistes au reste du monde. Aussi la période de succès de Sartre correspond-elle à une époque de grands changements : guerre froide (1947-1991), guerre d'Algérie (1954-1962), guerre d'Indochine (1956-1975).

Sa philosophie prétendait pouvoir servir de morale et de ligne de conduite à l'homme en tant qu'individu et, d'une certaine manière, à une Humanité en plein changement, frappée par de multiples désillusions (atrocités des nombreuses guerres, problèmes raciaux et coloniaux, révélation des ignominies du régime communiste, etc.). Jean-Paul Sartre, parce qu'il a été un acteur décisif dans cette époque troublée en recherche de compréhension, est un être complexe aux positions parfois contradictoires.

Cet être aux identités multiples (professeur de philosophie, écrivain, soldat météorologue, intellectuel, compagnon de route du parti communiste), fondateur de l'école existentialiste française, adoré ou détesté pour son irrévérence et ses engagements, est décédé le 15 avril 1980 dans le 14ᵉ arrondissement après un dernier coup d'éclat (voir le chapitre La vie de Jean-Paul Sartre).

HUIS CLOS

- **Genre :** théâtre de situation, théâtre philosophique, théâtre à thèse
- **1ʳᵉ édition :** 1944
- **Édition de référence :** *Huis clos* suivi de *Les mouches*, Paris, Gallimard, coll. « Folio », 1947.
- **Personnages principaux :**
  - Garcin, premier protagoniste qui arrive en enfer, est un déserteur qui cherche à ce que quelqu'un nie sa lâcheté ;
  - Inès, homosexuelle, arrive en enfer en second lieu, et cherche à séduire Estelle ;
  - Estelle arrive en dernier et, dégoûtée par Inès, elle tente de séduire Garcin pour être protégée et choyée par ce dernier.
- **Thématiques principales :** regard d'autrui, culpabilité et rédemption, existence et existentialisme, mauvaise foi, bourgeoisie et apparences.

Huis clos, initialement intitulé *Les autres*, a été rédigé durant les années de guerre et d'emprisonnement de Jean-Paul Sartre. Jouée le 27 mai 1944 au théâtre du Vieux-Colombier (Paris), la pièce a rencontré un franc succès et suscité de nombreuses polémiques et critiques.

Huis clos met en scène trois morts qui se retrouvent dans ce qu'ils décrivent comme l'enfer : ils sont condamnés à rester ensemble pour l'éternité dans une pièce dont ils ne peuvent s'échapper. Si la situation leur semble être un supplice, il n'y a pourtant aucun bourreau ni aucune torture physique. Les trois condamnés se cachent, se mentent mutuellement autant qu'ils se mentent à eux-mêmes.

Ils n'osent pas avouer les crimes pour lesquels ils ont été envoyés en enfer ni s'avouer ce qu'ils sont. Ils se trouvent des justifications, racontent leur vie aux autres en espérant qu'ils comprendront, qu'ils les rassureront... Ils cherchent désespérément le pardon ou l'approbation de leurs camarades. Le regard des autres les renvoie inexorablement à leur crime, dans une perpétuelle torture psychologique. Les trois morts sont tour à tour victime et bourreau.

L'existentialisme est une clé de compréhension pour la pièce, ou plutôt *Huis clos* est une explication littéraire et théâtrale de la philosophie existentialiste. À l'image de la philosophie sartrienne, la pièce est considérée, à tort si l'on en croit son auteur, comme austère, dramatique et pessimiste. Sartre expliquera pourtant dans son opuscule *L'Existentialisme est un humanisme* que sa philosophie est au contraire optimiste, mais d'un optimisme rude. Une lecture attentive et une analyse critique de *Huis clos* permettent de comprendre le cœur de cet optimisme, de la philosophie dont il découle et de l'énigmatique réplique de Garcin : « L'enfer c'est les autres. » (p. 92)

LA VIE DE JEAN-PAUL SARTRE

| Jean-Paul Sartre et Simone de Beauvoir.

RUPTURE ET PARADOXE

La vie de Jean-Paul Sartre est une vie de ruptures, d'engagements, de polémiques, de contradictions et de paradoxes. Pour comprendre l'œuvre de Sartre, il faut non seulement l'inscrire dans le contexte de son époque, mais aussi dans le contexte de la production de son auteur. Il est possible de découper la vie de Sartre en plusieurs périodes dont les amitiés et les découvertes ont défini ce qu'il est et ce qu'il écrit. Sartre pense que l'homme n'est rien d'autre que ses actes ; aussi, c'est par ses actes que la vie de Sartre et le sens de son œuvre peuvent être définis.

DIX ANNÉES DE BONHEUR

Jean-Paul Sartre est né en 1905 dans le 16ᵉ arrondissement de Paris. Il avait pour père le fils d'un médecin de campagne : Jean-Baptiste Sartre (1874-1907). Ce dernier est un garçon intelligent qui, après avoir décroché deux bacheliers et réussi l'école polytechnique, a rejoint la marine en devenant officier.

Lors de ses années à l'école polytechnique, il se lie d'amitié avec Georges Schweitzer qui lui présentera sa jeune sœur : Anne-Marie Schweitzer (1882-1969). Cette dernière appartient à une longue lignée de protestants libéraux aux nombreuses personnalités, notamment son cousin Albert Schweitzer (philosophe et médecin français, 1875-1965), prix Nobel de la paix en 1952. Elle épousera Jean-Baptiste et appellera leur fils unique Jean-Paul Sartre (Cohen-Solal (Annie), *Sartre : un penseur pour le XXIe siècle*, Paris, Gallimard, 2005, p. 13-17).

Jean-Baptiste ne connaît malheureusement que très peu son fils. Il ne le voit pour la première fois que cinq mois après sa naissance et décède le 17 septembre 1907 suite à une fièvre contractée lors d'une mission à l'étranger. Veuve, Anne-Marie Schweitzer décide alors de retourner vivre chez ses parents dans la petite commune de Meudon, en Île-de-France.

Elle confie la formation intellectuelle du petit Jean-Paul à son grand-père, un grand pédagogue dont l'immense bibliothèque a nourri Jean-Paul Sartre dans sa passion pour l'écriture et la lecture. L'homme prend en charge l'éducation de son petit-fils jusqu'à ses 10 ans avec succès : à 8 ans, le jeune garçon écrit déjà ses premières pièces de théâtre, ses premières tentatives de romans ou encore de contes. Avec du recul, Sartre décrira le milieu dans lequel il a été éduqué comme étant petit-bourgeois. Il rédigera une célèbre autobiographie de son enfance dans l'ouvrage *Les Mots* publié en 1964 (*ibid.*, p. 17-24).

Ces années que Sartre décrit comme étant 10 années de bonheur, il les passe avec une mère qui l'adore et l'idolâtre, et avec un grand-père qui cherche absolument à faire de son petit-fils un homme libre et autonome. Pourtant, lorsqu'il est inscrit au Lycée Henri IV, il n'est guère perçu par ses professeurs comme un élève brillant.

Cette enfance dorée prend malheureusement fin au mariage de sa mère avec Joseph Mancy, un ami de son frère. Suite à ce mariage, Sartre déménage à La Rochelle (Nouvelle-Aquitaine). Il entre alors dans la pire période de son existence au cours de laquelle il devient un « prince déchu » (*ibid.*, p. 24). À La Rochelle, Sartre découvre la guerre et pose les premiers jalons de sa philosophie lorsqu'il comprend que les rapports entre les hommes sont naturellement violents (*ibid.*, p. 24-25).

NITRE ET SARZAN

Au lycée, Sartre se rapproche de Paul Nizan (écrivain français, 1905-1940). Ils nouent une très forte amitié qui dure jusqu'à la mort de ce dernier. Après l'obtention de son bac en 1922, Sartre retourne à l'écriture qu'il avait délaissée lors de ses études. Il intègre enfin, avec son ami Nizan, l'École normale supérieure en 1924. Sartre y rencontre nombre de ses futures amitiés : Daniel Lagache (psychanalyste français, 1903-1972), Georges Canguilhem (philosophe et médecin français, 1904-1995) et Raymond Aron (intellectuel français, 1905-1983).

Sous l'influence de ces camarades, Sartre dévore tous les livres qui lui passent sous les yeux : ouvrages littéraires, philosophiques ou encore sur le cinéma, auquel il s'intéresse beaucoup. Peu réceptif à l'autorité et critique du monde bourgeois dans lequel il évolue, Sartre crée avec Nizan un petit clan avec son langage et ses références. À 20 ans à peine, il est déjà admiré par ses camarades : des rumeurs circulent sur une prochaine publication de son premier roman et de son premier essai ! (*ibid.*, p. 25-31)

C'est donc à la stupeur générale que Sartre échoue à l'épreuve écrite lors du concours de l'agrégation en philosophie. Il dira qu'il avait voulu être trop original. Il retente donc sa chance l'année suivante et est reçu premier, *ex aequo* avec une jeune femme de trois ans sa cadette, Simone de Beauvoir, avec qui il noue une relation originale et subversive. Ils formaient en effet un couple libertin : Simone représentait l'amour nécessaire, tandis que leurs fréquentations extra-conjugales n'étaient que des amours contingentes. Pour plus d'informations sur la nature de cette relation et son influence sur *Huis clos*, voir <u>L'œuvre en contexte</u>.

Après l'agrégation, Sartre, qui se rêvait en intellectuel, devient professeur de philosophie au Havre (Normandie), où il côtoie des gens de toutes les classes sociales. Profondément original et subversif, irrespectueux des institutions, Sartre cherche à éveiller les esprits de ses élèves. C'est grâce à son ami Aron que Sartre découvre le philosophe allemand Edmund Husserl (1859-1938). Cette rencontre sera pour Sartre une véritable épiphanie, un changement dans son existence et sa conception de la vie (*ibid.*, p. 32-40).

DÉFAITE ET RÉSISTANCE

Quatre ans plus tard, en 1938, Sartre publie enfin son premier roman chez Gallimard : *La Nausée*, initialement intitulé *Mélancholia*. Un peu plus tard, ce sera au tour du *Mur* (1939) d'être publié : un recueil de nouvelles dans lequel il aborde les problèmes de son temps.

Mais avec la guerre, les projets littéraires de Sartre semblent compromis. Il n'en sera pourtant rien. Sartre rejoint l'armée en tant que soldat météorologiste, mais, obsédé par l'écriture, il s'y réfugie et achève le premier opus d'une trilogie intitulée *Les Chemins de la liberté* (1945-1949). La guerre, mais surtout la défaite et la captivité, marquent à jamais Sartre qui s'interroge sur la possibilité de l'homme d'agir : l'homme est-il vraiment libre ?

De retour à Paris, Sartre est confronté à l'occupation allemande. Il fonde dès 1941 un éphémère groupe, nommé Socialisme et Liberté. Il monte en 1943 la pièce *Les Mouches*, métaphore de l'Occupation et critique du régime vichyste, avant de publier son œuvre majeure, *L'Être et le Néant*, dans laquelle il développe sa doctrine philosophique. En 1944, il monte au théâtre du Vieux-Colombier la pièce *Huis clos* (*ibid.*, p. 42-53).

Les choses se précipitent pour Sartre : il travaille avec son ami Albert Camus sur la revue résistante *Combat*, fonde sa propre revue, *Les Temps Modernes*, part aux États-Unis dans un voyage organisé avec sept autres journalistes et découvre le Texas (États-Unis) puis le Nouveau-Mexique (États-Unis) où il est sensibilisé aux problèmes raciaux.

À la Libération, le visage de Paris change : purges et règlements de compte deviennent légion. Écrivains, éditeurs et intellectuels ont aussi participé à cette épuration : ceux qui avaient joué un rôle tantôt dans la résistance idéologique, tantôt dans la propagande nazie et vichyste, sont glorifiés ou conspués et punis. Lorsque ce n'est pas la justice qui les condamne, ce sont les maisons d'édition et les milieux littéraires qui sanctionnent les écrivains collaborateurs.

Le cas de Robert Brasillach (écrivain français, 1909-1945), qui était collaborateur du journal antisémite *Je suis partout*, illustre la position de Sartre dans cette vindicte. Condamné à mort,

Brasillach a été défendu par une génération d'écrivains qui avait connu la Première Guerre mondiale (1914-1918) et qui, pour certains, s'était engagée dans la résistance. Nous retrouvons ainsi Jean Paulhan (écrivain français, 1884-1968), fondateur de la revue *Résistance*, Georges Duhamel (écrivain français, membre de l'Académie française, 1884-1966), chirurgien dans l'armée – il résistera après la défaite à sa manière, en s'opposant à la frange vichyste de l'Académie –, ou encore François Mauriac (écrivain français, 1885-1970), lui aussi membre de l'Académie.

À ces écrivains partisans de l'indulgence s'oppose une génération qui théorise la notion de responsabilité et de responsabilité de l'écrivain. Sartre appartient évidemment à cette frange, avec, notamment, Camus.

Le contexte sociétal et politique est idéal pour les idées sartriennes qui y trouvent un terrain fécond. Sa popularité explose. Il publie les deux premiers volumes de sa saga *Les Chemins de la Liberté* tandis que sa revue gagne chaque jour plus de lecteurs. Le 29 octobre 1945, il donne sa fameuse conférence *L'Existentialisme est un humanisme*. Dans les années qui suivent, il maintient un rythme de production immense. Autour de lui, Paris évolue. Saint-Germain-des-Prés devient le repère des anticonformistes et des subversifs (*ibid*., p. 42-78), ainsi qu'un lieu de rencontre tant pour les écrivains surréalistes que pour les nouveaux écrivains existentialistes.

INTELLECTUEL, DÉFENSEUR ET POLÉMISTE

Une telle popularité ne peut évidemment que lui attirer des ennemis. Sartre ne veut pas prendre parti entre les deux blocs qui s'affrontent, caractérisés par deux tendances politiques distinctes. Il se met à dos le Parti communiste français (PCF), qu'il critique, et fonde son propre parti : le RDR (rassemblement démocratique révolutionnaire), qui servait d'alternative à la fois au stalinisme du PCF et aux sociaux-démocrates, trop peu révolutionnaires. Cette tentative sera un cuisant échec : le parti manque de succès, les opinions des fondateurs divergent, et Sartre quitte sa propre création qui n'aura vécu qu'une année.

Pourtant, malgré les critiques qu'il adresse au PCF, il le soutient lorsqu'éclate l'affaire des pigeons voyageurs, qu'il perçoit comme une atteinte aux libertés publiques. Représentative de la paranoïa de l'époque, si elle peut sembler cocasse pour un lecteur contemporain, elle a fait grand bruit à cette période.

L'affaire éclate en 1952 dans une période de méfiance, voire de paranoïa envers les communistes. Jacques Duclos (1896-1975), personnalité importante du Parti communiste français, est arrêté après que des policiers ont découvert à son domicile un fusil, une matraque, un carnet de notes et surtout deux pigeons, qu'il disait vouloir manger. L'homme a été soupçonné de communiquer avec l'ennemi moscovite à l'aide desdits pigeons, un moyen de communication aussi original que discret.

Ce revirement de situation ne sera pas vu d'un très bon œil par Albert Camus qui ne comprend pas pourquoi Sartre se met à soutenir le mouvement communiste. Camus, qui soutient que le stalinisme n'est pas différent du fascisme, ne supporte pas que Sartre cherche des excuses à un régime autoritaire. Sartre, quant à lui, défend bec et ongles le stalinisme : il voyage en URSS, rejoint des réseaux d'artistes communistes, etc.

(*ibid.*, p. 78-87). La rupture entre les deux intellectuels est consommée. Cette trêve passionnée avec le PCF prendra fin le 23 octobre 1956, alors que l'URSS réprime dans le sang une insurrection à Budapest (Hongrie).

Toujours au premier plan, intellectuel critique et engagé, prêt à s'opposer parfois au reste du monde, Sartre ne pouvait rester muet alors qu'éclate le conflit algérien. Il s'attaque à partir de cette période au colonialisme et au général de Gaulle (homme d'État français, 1890-1970) qu'il considère comme la résurgence d'une France nationaliste et catholique, qui n'est pas sans lui rappeler Vichy. Sartre s'engage définitivement contre le Général lorsqu'il signe le *Manifeste des 121* pour dénoncer la guerre d'Algérie, aux côtés de 120 autres intellectuels de son temps. Il s'attire par ailleurs toutes les inimitiés de la droite et de l'extrême droite.

Les événements dramatiques se succèdent : deux attentats sont perpétrés contre Sartre, probablement par l'OAS (Organisation armée secrète, groupe politique armé qui défend la présence française en Algérie), tandis que le massacre policier du métro de Charonne, qui voit des violences policières se déchaîner envers des manifestants contre la guerre d'Algérie, a lieu le 8 février 1962. Respecté et reçu par les chefs d'État, Sartre devient un véritable ambassadeur de la philosophie française, un homme dont l'avis importe et peut influencer la politique de son pays (*ibid.*, p. 87-103).

FIN ET RUPTURE

La décennie 1950-1960 est des plus riches pour un Sartre qui écrit sans cesse. Sa santé s'affaiblissant, il se drogue afin d'augmenter ses capacités physiques et intellectuelles : Corydrane (stimulant à base d'aspirine et d'amphétamines), café et whisky. Il publie *La critique de la raison dialectique* (1960) ainsi que deux épitaphes : l'un dédié à l'un de ses rivaux, Maurice Merleau-Ponty (philosophe français, 1908-1961), l'autre à son meilleur ennemi Albert Camus, auquel il pensait souvent malgré leur brouille :

> « Nous étions brouillés, lui et moi : une brouille n'est rien [...] tout juste une autre manière de vivre ensemble et sans se perdre de vue dans le monde étroit qui nous est donné. Cela ne m'empêchait pas de penser à lui, de sentir son regard

En 1964, il fait, selon ses propres mots, de retentissants adieux à la littérature avec *Les Mots*, son dernier roman et sa dernière œuvre littéraire. Il n'en écrira plus d'autres. Il rentre dans l'Histoire en refusant son prix Nobel de Littérature, pour des raisons personnelles (il décline toute récompense officielle) et objectives (le Nobel ne récompenserait jamais des membres du bloc de l'Est). Sartre s'en explique longuement dans le numéro du 24 octobre 1954 du *Figaro* (LESTIENNE (Camille), « Prix Nobel de littérature : les raisons du refus de Sartre », in *lefigaro.fr*).

Sartre lui-même se définira comme un être de contradiction, aussi ses revirements semblent-ils parfois surprenants. Dans son article de refus du Nobel, il explique longuement sa double nature : bourgeois et socialiste, de l'Ouest et de l'Est. Il luttera néanmoins toujours pour les droits et libertés, quitte à s'opposer au stalinisme.

Ainsi, sur tous les fronts, Sartre s'attaque au stalinisme. Il mène également d'autres combats : il s'oppose à Fidel Castro (homme d'État cubain, 1926-2016), s'indigne devant les crimes de guerre commis au Vietnam, soutient mai 1968, défend des étudiants maoïstes, une grève de la faim des ouvriers de Renault à Billancourt (Île-de-France), etc. Enfin, il fonde en 1971 l'agence de presse Libération, devenue depuis un quotidien (COHEN-SOLAL (Annie), *Sartre : un penseur pour le XXIe siècle*, Paris, Gallimard, 2005, p. 104-118).

En 1968, il publie son dernier ouvrage consacré à Gustave Flaubert (1821-1880), écrivain français bourgeois à la transition du romantisme et du réalisme : *L'idiot de la famille*. Sartre ne revient pas sur son adieu évoqué dans *Les Mots* : *L'idiot de la famille* n'est effectivement pas une œuvre littéraire. Bien que publiée, l'œuvre est inachevée : Sartre souffre de cécité depuis l'automne 1973. Fatigué et invalide, frappé par deux attaques cérébrales, il est dépendant de son entourage.

Il continue néanmoins son activité politique jusqu'en 1979, date à laquelle il plaide auprès du président français de l'époque, Valérie Giscard d'Estaing (né en 1926), accompagné de Raymond

Aaron et André Glucksmann (philosophe français, 1937-2015), pour l'accueil des *boat people* (migrants vietnamiens qui fuient le régime par la mer).

En 1980 éclate le scandale de *L'espoir maintenant*, une série d'entretiens entre un Sartre vieilli et son secrétaire Benny Lévy (philosophe et écrivain français, 1945-2003), que de nombreuses personnalités accusent d'avoir abusé de Sartre pour lui faire tenir des propos contradictoires avec sa philosophie.

Par exemple, selon Vincent de Coorebyter (philosophe et politologue belge, né en 1960), Sartre « abandonnerait les principes majeurs de sa politique [à savoir] le radicalisme, la fraternité-terreur, la violence et la démocratie directe [...] au profit d'une approche morale qui fait place au droit et à la légalité », (DE GOOREBYTER (Vincent), « *L'espoir maintenant*, ou le mythe d'une rupture », in *cairn.info*).

Presque 40 ans plus tard, le sujet déclenche toujours de vives polémiques : détournement de vieillard ou épiphanie philosophique ? Vingt-deux jours après ce dernier coup d'éclat, Jean-

Paul Sartre décède le 15 avril 1980 (COHEN-SOLAL (Annie), *Sartre : un penseur pour le XXIᵉ siècle*, Paris, Gallimard, 2005, p. 118-124).

RÉSUMÉ DE *HUIS CLOS*

Huis clos est une pièce de théâtre d'un seul acte divisé en cinq scènes. Malgré son originalité, la pièce ne s'affranchit pas totalement des règles classiques (voir <u>Style et écriture</u>). L'un des buts de la pièce est de faire jouer trois personnes en huis clos, c'est-à-dire sans qu'ils ne sortent de la scène une fois qu'ils sont entrés. Les quatre premières scènes peuvent être considérées comme des scènes d'exposition préparant la cinquième et dernière scène, qui constitue la quasi-totalité de la pièce.

L'ARRIVÉE DE GARCIN (SCÈNES I ET II)

Le rideau s'ouvre sur un salon Second Empire (1852-1870). La première didascalie précise qu'il y a un bronze sur la cheminée. Joseph Garcin, le premier personnage de la pièce, entre dans le salon accompagné par un garçon d'étage dont le rôle est d'accompagner les résidents jusqu'à leur chambre et de leur expliquer les règles des lieux.

Garcin est en enfer. Il semblerait que la pièce ne ressemble pas à ce qu'il s'imaginait : ainsi, il constate avec surprise que le salon dans lequel il se trouve est de style Second Empire, ce qui lui évoque un milieu petit-bourgeois. Il questionne ensuite brièvement le garçon sur l'absence d'objets de torture. Le garçon se moque de lui et de sa naïveté, surtout lorsque Garcin s'inquiète de ne pas avoir emporté sa brosse à dents.

Le dialogue qui s'ensuit permet de présenter les lieux aux lecteurs. L'enfer est une sorte de grand hôtel, constitué à l'infini de chambres et de couloirs, et sans rien au-delà des murs. Les questions de Garcin sont donc absurdes : peu importe qu'il ait ou non emporté une brosse à dents… S'en suit par ailleurs un passage surprenant : le garçon explique qu'il a des jours de congé, et qu'il les passe chez son oncle, le chef des garçons, qui vit au troisième étage. L'enfer est ainsi décrit comme étant un établissement, avec des employés, des jours de congé et une direction… Bref, une description absurde et iconoclaste.

La pièce est chaude, illuminée par une lumière blafarde. Garcin s'interroge sur l'électricité et les coupures éventuelles. Le garçon le renseigne patiemment, non sans ironie. Garcin s'étonne ensuite de ne plus battre des paupières. Le passage n'est pas anodin : ne plus pouvoir battre des paupières signifie ne plus avoir de repos. En effet, il est impossible en enfer de se soustraire, même une seconde, à la situation dans laquelle on est.

Ces divers éléments (le salon, le buste, la discussion entre le garçon et Garcin) donnent à la scène d'exposition une sensation d'absurdité. Le lieu dans lequel Garcin est envoyé est absurde et arbitraire : pourquoi un tel salon ? Pourquoi la sonnette fonctionne-t-elle à certains moments et non à d'autres ? Comment un tel hôtel peut-il exister ? Qui le fait fonctionner ? Garcin lui-même en prend conscience.

Dans la seconde scène, le temps passe. Garcin commence à souffrir de cette solitude et cherche à appeler le garçon, en utilisant abusivement la sonnette mise à sa disposition. Si elle fonctionnait lors de la scène précédente, ce n'est désormais plus le cas. Garcin essaie d'ouvrir la porte qui reste close.

La seconde personne qui arrive en enfer est décédée près de trois semaines après Garcin. Le temps en enfer et sur terre ne s'écoule donc pas à la même vitesse.

L'ARRIVÉE DES BOURREAUX (SCÈNES III ET IV)

La troisième scène voit arriver Inès. Le garçon l'accompagne et feint de ne pas avoir entendu Garcin l'appeler.

Inès est confuse. Elle pensait retrouver les membres de sa famille. Elle s'attendait notamment à revoir une jeune femme nommée Florence. Garcin lui explique qu'il ne connaît malheureusement personne de ce nom.

Résignée, Inès interroge Garcin sur les règles de ce monde et sur les supplices qui l'attendent. Elle le prend pour son bourreau. Garcin, surpris d'une telle confusion, lui explique qu'il n'est pas le bourreau : il est lui-même l'un des condamnés. Il lui explique être publiciste.

Il s'agit pour les deux personnages d'essayer de savoir à qui ils ont affaire. Ainsi, alors que Garcin cherche à être courtois en exposant quelques règles de vie et en défendant l'idée que l'éternité serait plus agréable en se respectant les uns les autres, Inès lui répond froidement et abruptement qu'elle n'est pas polie.

La quatrième scène d'exposition marque l'entrée d'Estelle. Il s'agit du dernier personnage à faire son entrée dans la pièce. Tout comme Inès, la vue de Garcin la surprend, ou plutôt l'effraie. Alors qu'il a la tête enfouie dans ses mains, Estelle le supplie de ne pas lui révéler l'horreur de son visage absent. Elle s'en retrouve confuse lorsque Garcin lui montre qu'il a un visage. Estelle semblait craindre de retrouver quelqu'un en particulier.

Inès, homosexuelle, s'enquit rapidement d'Estelle qui lui plaît. Le dialogue qui s'ensuit fait échos au premier dialogue entre Garcin et le garçon. Alors qu'Inès avait rapidement compris sa situation, à savoir sa mort et sa présence en enfer, Estelle s'inquiète de futilités. Elle est agacée que son divan ne soit pas accordé à la couleur de sa robe et insiste pour l'échanger avec Garcin, qui cède.

L'ENFER (SCÈNE V)

La cinquième et dernière scène constitue la majeure partie de la pièce. Les personnages s'y révèlent et rentrent dans le jeu infernal du bourreau et de la victime. Inès s'intéresse rapidement au personnage d'Estelle. Les trois prisonniers commencent à discuter, mais Estelle bannit le mot « mort » qu'elle trouve indécent, et lui préfère le terme « absent ». Ils en viennent à se raconter mutuellement les causes de leur décès.

Inès explique qu'elle est décédée asphyxiée par le monoxyde de carbone, Garcin fusillé pour son pacifisme, tandis qu'Estelle serait morte des suites d'une pneumonie. Parallèlement, chacun semble avoir la capacité de suivre ce qui se passe sur terre, bien que le temps s'y écoule beaucoup plus vite.

Estelle commence à s'interroger sur les raisons de leur regroupement. Elle cherche des liens de famille entre elle et ses deux compagnons. Alors que Garcin pense qu'il ne s'agit que d'un hasard, Inès, qui fait preuve d'une grande lucidité depuis le début de la pièce, est convaincue qu'il s'agit d'un acte prémédité, que tout a été orchestré.

Estelle a néanmoins du mal à se résoudre à cette réalité, notamment parce qu'elle est convaincue d'être en enfer par erreur, puisqu'elle maintient n'avoir rien fait de mal.

Inès est en colère ; elle ne peut admettre qu'un pacifiste et une femme de bonnes mœurs soient en enfer. Aussi est-elle convaincue que ses camarades lui mentent. Pour elle, ils sont tous les trois des assassins – ce qui laisse entendre qu'elle-même serait à l'origine de la mort de quelqu'un. Garcin, exaspéré, insiste encore sur les règles du vivre ensemble et exhorte tout le monde à vivre chacun de son côté et à ne plus se parler. Il rentre dans un long mutisme et cherche à observer ce qui se produit sur terre. Inès, quant à elle, commence à séduire Estelle, qui reste indifférente à ses avances. Excédée, Inès se venge en lui faisant croire qu'elle est défigurée. Garcin finit par rompre son propre silence et les supplie de se taire.

Inès propose de se révéler mutuellement la vraie raison de leur présence en enfer. Garcin avoue qu'il n'est pas uniquement un pacifiste, mais un déserteur. Il explique avoir par ailleurs torturé sa femme. Il avait une maîtresse et n'hésitait pas à faire l'amour avec elle devant sa femme. Inès se confesse à son tour : elle entretenait une liaison avec la femme de son cousin, Florence. Elle évoque sa mort : ce dernier a été écrasé par un tramway. Rien n'est dit de plus, bien que le lecteur puisse en juger. Après quoi elle est morte intoxiquée avec son amie, qui a ouvert le gaz.

Malgré ces révélations, Estelle refuse de reconnaître la raison de sa présence en enfer. Pourtant, Garcin lui fait remarquer qu'elle était effrayée en entrant dans la pièce, croyant reconnaître en lui une certaine personne. Estelle avoue l'avoir confondu avec Roger, le père de l'enfant qu'elle portait. Elle a épousé un riche vieillard, ami de son père, pour s'échapper de sa condition sociale, mais elle l'a toutefois trompé avec Roger. Après son accouchement, elle s'est débarrassée du bébé en le lançant dans un lac sous les yeux du père qui, de désespoir, s'est donné la mort. Selon Inès, ils sont tous les trois réunis parce qu'ils sont responsables de la mort d'une personne qu'ils ont aimée.

Inès essaie à nouveau de séduire Estelle, qui lui crache au visage pour se réfugier auprès de Garcin, le suppliant de l'embrasser. Pendant ce temps, il voit ses anciens amis le traiter de lâche sur terre. Il accepte de se joindre à Estelle, à condition qu'elle lui confirme qu'il n'est pas lâche. Inès, jalouse, se moque de sa lâcheté. Les relations s'enveniment et Estelle menace de tuer Inès à coup de coupe papier. Mais comment tuer un mort ? Ils sont tous piégés dans un huis clos sans aucune échappatoire, pas même la mort de l'un ou de l'autre. Estelle a beau jurer à Garcin qu'il n'était pas lâche, il n'accorde de l'importance qu'à l'avis d'Inès, qui répugne à lui dire ce qu'il veut entendre.

Ainsi, alors que Garcin cherche une nouvelle fois à sortir, la porte s'ouvre. Pourtant, il ne veut pas partir en sachant que l'on discute dans son dos en le traitant de lâche.

L'ŒUVRE EN CONTEXTE

GUERRE ET OCCUPATION

Afin de comprendre *Huis clos*, il faut se pencher sur l'époque qui l'a vu naître : la Seconde Guerre mondiale. La période d'Occupation n'est pas, contrairement à ce que l'on pourrait croire, une période d'austérité intellectuelle et artistique. Les écrivains sont soit engagés contre l'occupant et résistent à leur façon – par exemple Jean Bruller, dit Vercors (dessinateur et écrivain français, 1902-1991) –, soit accommodés ou collaborateurs – tels que Robert Brasillach (écrivain français, 1909-1945) ou Pierre Drieu la Rochelle (écrivain français, 1893-1945).

De plus, Sartre et ses contemporains ne travaillent pas seuls et isolés. Le Paris occupé est en effervescence intellectuelle, pleine de rencontres entre des hommes et des femmes qui pensent le monde et cherchent, pour certains, à changer les choses. Ces intellectuels se retrouvent dans de petits salons privés dans le Saint-Germain-des-Prés du Paris occupé ; c'est cette ambiance et ces rencontres qui permettent l'émergence de *Huis clos*. Ce contexte, dont il est difficile de comprendre les enjeux, fait encore couler beaucoup d'encre parmi les historiens et les polémistes de notre époque (voir <u>La réception de Huis clos</u>).

En effet, la question de la complaisance de Sartre avec l'Occupation a souvent été évoquée et a fait couler beaucoup d'encre, que ce soit à son époque ou aujourd'hui, tant parmi les intellectuels que dans certains milieux de droite et d'extrême droite. Les questions soulevées sont nombreuses : est-il un vrai résistant ? Est-il un opportuniste ? Comme l'explique Pierre Bayard (professeur de littérature française et psychanalyste, né en 1954) dans *Aurais-je été résistant ou bourreau* (2013), il est évidemment inopportun, de la part de la postérité, de donner une réponse tranchée à de telles questions et de prétendre pouvoir juger les actions des hommes. Toujours est-il que la question suscite toujours de vives réactions.

Lors de la Première Guerre mondiale, Sartre était à peine âgé de 9 ans. Il grandit ensuite dans la période d'entre-deux-guerres. Il publie son premier roman, *La Nausée*, en 1938, peu après le début de la guerre civile espagnole (1936-1939), la même année que la signature des accords de Munich.

L'année où il publie *Le Mur*, la guerre civile espagnole prend fin sur la victoire du général Franco (militaire et homme d'État espagnol, 1892-1975). Alors que la France et l'Allemagne entrent en guerre, Sartre, soldat météorologue, est retenu en captivité dans un camp près de Trêves (Allemagne) tandis que son ami Paul Nizan est tué sur le front.

Il rédige la même année une pièce de théâtre traitant de la liberté : *Baronia* (1940). Il est libéré environ un an plus tard et fonde le groupe Socialisme et Liberté. Dans les années qui suivent, la production littéraire de Sartre va exploser : il écrit *Les Mouches* en 1942 et la fait jouer en 1943 au Théâtre de la Cité (Nice), la même année que la parution de son essai philosophique *L'Être et le Néant*.

Il collabore dans la même période à la revue clandestine *Les Lettres françaises* (fondée en 1942) et prend part aux réunions du Comité national des écrivains. Il écrit en collaboration avec Albert Camus, l'un de ses grands amis, la pièce de théâtre *Huis clos*, qu'il fait jouer en 1944 au théâtre du Vieux-Colombier (Paris).

CAUSE OCCASIONNELLE ET SOUCIS PROFONDS

La gestation et l'écriture de *Huis clos* sont donc intimement liées à la guerre, à la privation de la liberté, à la destruction du monde qui les entoure, et plus particulièrement à l'importance des choix que posent les êtres humains.

Sartre commence à écrire sa pièce durant l'été 1943. Simone de Beauvoir précise dans le deuxième tome de son récit autobiographique, *La Force de l'âge* (1960), qu'il s'agissait d'une œuvre commandée par Marc Barbezat (écrivain et éditeur français, 1913-1999), à l'origine du lancement de la revue littéraire française *Arbalète* en 1940, qui réunissait de nombreux écrivains dont Sartre, mais aussi Ernest Hemingway (écrivain américain, 1899-1961), Henri Michaux (poète français d'origine belge, 1899-1984), Michel Leiris (écrivain français, 1901-1990), Raymond Queneau (écrivain français, 1903-1976), etc.

Sartre lui-même expliquera que sa pièce était motivée par deux raisons : les causes occasionnelles et les soucis profonds. La cause occasionnelle était la volonté de Marc Barbezat de faire plaisir à sa future femme Olga Kosakiewicz (1915-1983) et à sa sœur, amie de Sartre, Wanda Barbezat. Sartre explique que ces trois amis voulaient jouer une pièce de lui et qu'ils devaient toujours rester ensemble sur la scène, sans quoi l'un aurait pu être jaloux des autres.

Il était donc obligé de créer une pièce réunissant trois acteurs constamment sur scène, sans jamais qu'un ne la quitte « jusqu'au bout comme pour l'éternité » (SARTRE (Jean-Paul) et GORE (Keith), Huis clos. *Twentieth Century French Texts*, Abingdon-on-Thames, Routledge, 1987, p. 7). L'idée lui est donc venue d'installer ces trois amis et personnages en enfer.

La pièce aurait en outre été écrite en réaction à un incident impliquant Sartre et Beauvoir, alors professeure dans un lycée français, en 1941. La mère de l'une de ses anciennes élèves a porté plainte contre elle pour incitation à la débauche. L'affaire est complexe et Beauvoir n'en parle que peu dans ses mémoires. D'une part Beauvoir aurait cherché à séduire cette jeune élève, et d'autre part, elle aurait organisé des « parties spéciales d'amour » (GALSTER (Ingrid), *Sartre devant la presse d'Occupation*, Rennes, PUF, 2005, p. 24) avec Sartre ladite élève, ainsi que quelques autres.

Elle aurait en outre donné à ses élèves Proust et Gide comme lecture – deux écrivains censurés par Vichy, car symboles de la décadence –, et leur aurait fait visiter un hôpital psychiatrique, témoignant d'un intérêt pour la démence assez mal perçu par le régime. À la suite de ces événements, le recteur de l'académie de Paris a sollicité auprès de l'éducation nationale le renvoi de Beauvoir et Sartre, professeur au lycée Condorcet.

Le salon Second Empire, les faux semblants des personnages ainsi que la mondanité d'Estelle seraient autant de moqueries envers ce qu'Ingrid Galster nomme le « vertuisme mensonger de Vichy » (*ibid.*). La représentation iconoclaste de l'enfer – un salon bourgeois, lieu des représentations chrétiennes – serait d'ailleurs une attaque directe au catholicisme vichyste qui ne pouvait pas se permettre de censurer la pièce (voir <u>La réception de Huis clos</u>).

MONTER UNE PIÈCE

Sartre sollicite alors Albert Camus afin de l'aider à monter la pièce. Il lui propose d'interpréter le rôle de Garcin. Les premières répétitions ont lieu dans l'appartement de Simone de Beauvoir. Malheureusement, entre les difficultés matérielles et l'arrestation d'Olga Kosakiewicz, qui aurait été arrêtée à la suite de la visite de la police française dans une planque de la résistance où elle prenait le thé (SCHLESSER (Gilles), *Mouloudji*, Paris, L'Archipel, 2009), le projet semble voué à l'échec.

Il est néanmoins repris en 1943, lorsque survient Paul Annet Badel (1900-1985). Cet homme d'affaires français rachète le théâtre du Vieux-Colombier, ce qui pousse Gaston Gallimard (éditeur français, 1881-1975) à prendre contact avec ce dernier afin d'y produire des pièces dont il est éditeur. Au fil des discussions, les deux hommes montrent de l'intérêt pour la pièce écrite par Sartre, qui avait connu un grand succès avec *Les Mouches* un an auparavant.

Le projet repart et Sartre change son équipe. Outre l'arrestation d'Olga, il semblerait que de nombreux aléas ont frappé la petite compagnie autour de Sartre, qui a sombré dans une série de disputes liées aux relations amoureuses et érotiques qu'ils entretenaient. Ainsi, suite aux multiples refus d'Olga de s'offrir à Sartre, ce dernier s'est épris d'amour pour sa sœur, Wanda, qui se serait intéressée à Camus. Autrement dit, avant la rupture publique entre Camus et Sartre, une rupture privée, sur fond de tromperie et de libertinage, avait eu lieu (MARTIN (Andy), *The Boxer and The Goal Keeper : Sartre Versus Camus*, New York, Simon & Schuster UK, 2012).

Sartre confie donc la mise en scène à Raymond Rouleau, né Edgar Rouleau (1904-1981), un acteur belge qui deviendra par la suite cinéaste. Il confie le rôle de Garcin à l'acteur franco-ukrainien Michel Vitold (1914-1994), celui d'Inès à Tania Balachova (comédienne et écrivaine française, 1902-1973) et celui d'Estelle à Gaby Sylvia, née Gabrielle Zignani (actrice italienne, 1920-1980), l'épouse d'Annet Badel. Le rôle du garçon sera tenu par l'acteur français Jacques René Chauffard, dit René-Jacques (1920-1972). Sartre expliquera par la suite que la première représentation de sa pièce fut une telle réussite qu'il ne put jamais plus s'imaginer les quatre personnages de sa pièce autrement qu'avec les traits de ces acteurs.

La publication et la création de l'œuvre, c'est-à-dire le moment où elle a été jouée pour la première fois, correspondent à une période historique charnière et décisive. Si Sartre reconnaît que la pièce a été composée pour des raisons qu'il dit occasionnelles, il explique néanmoins qu'elle témoigne d'un souci profond, à savoir la question du choix et de la conscience individuelle, de la liberté, de la responsabilité et de la mauvaise foi, l'un des concepts qu'il a théorisés. Le message qu'il voulait exprimer dans cette pièce est la phrase retentissante qu'il a mise dans la bouche de Garcin : « L'enfer c'est les autres. » (p. 92) (voir <u>Analyse des thématiques</u>)

ANALYSE DES PERSONNAGES

Huis clos et la philosophie qui lui est sous-jacente ne peut être appréhendée qu'en dépassant les personnages en eux-mêmes pour considérer les relations qu'ils entretiennent. D'une certaine manière, les vrais personnages de la pièce sont les relations qu'ils cultivent entre eux.

Pour cette raison, nous n'analyserons que trois des quatre personnages de la pièce : Garcin, Inès et Estelle, les trois condamnés aux enfers. Le quatrième personnage est le garçon qui s'occupe d'amener Garcin, Inès et Estelle dans le salon Second Empire. Il ne s'agit pas à proprement parler d'un personnage de la pièce, puisqu'il ne fait pas partie du salon et qu'il n'entretient pas de réelles relations avec les autres personnages. Il s'agit d'un régisseur qui permet d'installer l'action et de répondre, par l'absurde, aux questions que pourraient se poser le spectateur et le lecteur au début de la pièce. Il permet par ailleurs d'intégrer un humour absurde qui participe de l'atmosphère de la pièce.

Chaque personne peut être caractérisée par trois critères : son caractère affiché en société, son caractère réel et son obsession, à savoir la cause de sa présence en enfer. Les personnages peuvent ensuite être étudiés en fonction du rapport qu'ils entretiennent avec les deux autres personnages, qu'il s'agisse d'une relation de répulsion ou de désir. Les personnages seront analysés dans l'ordre de leur arrivée dans la pièce.

| Représentation de *Huis clos* à Athènes en 2002. De gauche à droite : Garcin, Inès, le garçon, Estelle.

Joseph Garcin

Le premier personnage à pénétrer les lieux est Joseph Garcin. Il est un publiciste, c'est-à-dire journaliste spécialisé en politique. Il est mort fusillé de 12 balles dans la peau. Il se présente comme un pacifiste et prétend avoir été fusillé pour ses opinions politiques. Il se dit homme sensé et raisonnable. Il conseille d'ailleurs à ses deux compagnons de se taire et de leur laisser vivre l'éternité dans le silence.

Au fil de l'histoire, le lecteur comprend que Garcin a en réalité été fusillé à la suite de sa désertion. De plus, il s'est montré faible devant le peloton d'exécution et a trahi ses camarades. Il apparaît comme un être sadique qui torturait sa femme. Il a une idée, quelque peu machiste, de ce que doit être un homme : il se doit d'être fort, courageux, séducteur, etc.

Garcin est lâche, mais ne peut l'admettre ; il joue donc la bravoure pour camoufler sa tiédeur. Il n'a pas eu le courage d'assumer ses choix politiques, à savoir le pacifisme, puisqu'il a été enrôlé dans l'armée avant de déserter.

Inès Serrano

Le second personnage à pénétrer les lieux est Inès Serrano, une employée des postes, homosexuelle, décédée d'une intoxication au gaz. Elle est convaincue d'être maudite par son homosexualité. À la différence des autres personnages, Inès se révèle rapidement et ne se cache pas derrière un masque. Elle n'est pas aussi nerveuse et colérique que Garcin et paraît plutôt résignée, consciente de ses crimes et dépourvue de regrets. Elle est capable de voir à travers Garcin et Estelle : elle comprendra directement que Garcin est un lâche et saura parfaitement comment le torturer psychologiquement.

Elle a entretenu une relation avec la femme de son cousin qui s'est suicidé, en profitant pour torturer son amante avec des reproches. Aussi existe-t-elle par la souffrance qu'elle inflige à autrui. Florence, sa maîtresse, finit par se suicider en emportant Inès avec elle, à l'aide du monoxyde de carbone. Elle est attirée par Estelle et cherche à capter son regard : elle lui servira d'ailleurs de miroir, l'un des nombreux objets du quotidien absents du salon Second Empire. L'image du miroir évoque évidemment l'idée que le regard de l'autre nous renvoie nos propres vices. Inès est par contre dégoûtée par Garcin. Sa lucidité est caractérisée par un ton sarcastique et acerbe.

Estelle Rigault

Le troisième et dernier personnage à pénétrer dans la pièce est Estelle Rigault, une jeune mondaine décédée d'une pneumonie. De basse extraction, orpheline indigente qui élevait son frère cadet, elle a épousé un vieil ami de son père, qu'elle jugeait riche et bon. Elle l'a ensuite trompé avec son amant Roger, dont elle est tombée enceinte. Estelle est une mère infanticide, et l'assassinat de son enfant a provoqué le suicide de Roger.

Femme frivole et superficielle, elle est peu intéressée par autrui. Elle joue particulièrement sur son apparence et ses capacités de séductrice. Derrière ce masque infantile se cache une femme d'un grand sang-froid qui n'a pas hésité à jeter son enfant à l'eau. Estelle est attirée par Garcin, ou tout du moins elle a besoin du regard d'un homme pour exister. Elle est profondément répugnée par Inès et le désir qu'elle éprouve pour elle. Présentée comme une « petite sainte », Estelle est donc une mère infanticide qui tenait à sa réputation plus qu'à son enfant et à son amant. Comme sa relation avec Garcin le prouve, elle a besoin du regard de l'homme pour exister.

LE REGARD DE L'AUTRE

Le rôle des personnages dans *Huis clos* peut désarçonner un lecteur habitué au théâtre classique. Bien que Sartre ait écrit la pièce pour des amis (voir L'œuvre en contexte) et qu'il y ait de nombreux traits d'humour, les personnages sont avant tout des moyens pour Sartre de mettre en scène sa thèse, à savoir l'importance du regard de l'autre. Ainsi, il est possible d'analyser ce regard comme un personnage à part entière. Autrement dit, ce n'est pas tant les personnages que les relations qu'ils nouent qui importent.

Par ailleurs, la présence de trois personnages en enfer n'est pas anodine. Cela implique que l'un des trois personnages sera toujours en dehors et soumis au regard des deux autres. Enfin, les personnages cherchent dans le regard de l'autre un miroir qui flatte leur ego et leurs mensonges.

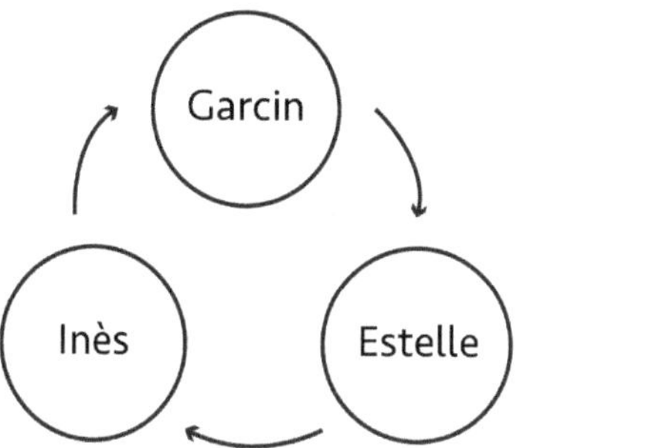

Garcin cherche dans le regard d'autrui la confirmation qu'il est courageux, ou tout du moins qu'il n'est pas un lâche. Il a besoin d'entendre d'une personne de confiance qu'il ne l'est pas. C'est pourquoi il ne peut croire Estelle. Il sait qu'Estelle cherche uniquement à le flatter pour le séduire. Il veut cette confirmation d'une personne désintéressée – seule personne à qui il pourra faire confiance. Il attend donc d'Inès qu'elle le lui dise. Cependant, par sa lucidité et sa cruauté, Inès ne lui fera jamais un pareil plaisir. Elle prend en outre un certain plaisir en le torturant de la sorte.

D'autre part, elle nuit volontairement au repos et au silence instauré par Garcin en séduisant ouvertement Estelle, agacée que celle-ci s'intéresse à Garcin. Quant à Estelle, elle est dégoûtée par Inès et ne supporte pas entendre qu'elle est morte.

En substance, les personnages entretiennent une double relation de persécution/séduction. Garcin veut séduire Inès et lui entendre dire qu'il n'est pas lâche. Inès veut séduire Estelle et jalouse sa relation avec Garcin. Estelle cherche à séduire Garcin et veut être choyée par ce dernier. Inversement, Inès torture Garcin en refusant de répondre à sa demande et prend plaisir à discuter avec Estelle, rompant le silence. Estelle torture Inès en la refusant et en la conspuant, en provoquant en elle un sentiment de jalousie. Garcin torture Estelle en ne répondant pas à ses avances et en ne la comblant pas de l'affection qu'elle désire.

	Joseph Garcin	Inès Serrano	Estelle Rigault
Fonction sociale	Publiciste politique	Employée des postes	Mondaine
Décès	Fusillé	Intoxication au gaz	Pneumonie
Raison de la présence en enfer	Son pacifisme	Homo-sexualité	Aucune
Raison réelle	Désertion et trahison	Torture de Florence	Mère infanticide ; suicide de Roger, son amant
Trait de caractère apparent	Sadique (il torturait sa femme) et coura-geux, viril	Impolie, froide et lucide	Frivole, super-ficielle, sainte et mondaine
Trait de caractère réel	Lâche	Sado-maso ; méchante, elle a besoin de la souf-france de l'autre	Impitoyable

ANALYSE DES THÉMATIQUES

Il serait possible de distinguer et d'analyser des dizaines de thématiques qui se recoupent et se font échos dans *Huis clos*. Les thèmes de cette pièce sont en outre récurrents dans la production de Sartre. Cette analyse présentera trois thèmes transversaux qui permettent de comprendre la pièce et les soucis profonds que voulait exprimer Sartre : l'enfer, le regard et l'existentialisme.

L'ENFER

Le premier thème, le plus facilement accessible au lecteur, est l'enfer. La particularité de l'enfer sartrien est de rompre avec les traditions et l'imaginaire collectif propres au christianisme, qui voyait en l'enfer un espace limité sous terrain où le feu domine. Avec *Huis clos*, il n'est pas donné au lecteur les limites de l'enfer ; il comprend uniquement que s'étendent, peut-être à l'infini, des chambres où doivent coexister pour l'éternité plusieurs personnes.

L'enfer de Garcin, d'Inès et d'Estelle est un salon de style Second Empire. Il y a un bronze sur la cheminée, mais ni glace, ni fenêtre, ni lit n'occupent la pièce, uniquement trois divans de couleurs différentes. Il y a des lampes, mais pas d'interrupteur, ainsi qu'une sonnette qui semble particulièrement capricieuse.

À travers le dialogue entre Garcin, qui s'étonne de ne voir aucun objet de torture, et le garçon qui s'en moque, Sartre tourne en dérision l'iconographie traditionnelle et construit un propos méta-diégétique particulièrement sarcastique. Ainsi, par la bouche du garçon, Sartre fait irruption dans la pièce et se moque de Garcin ainsi que de tous ceux qui ont la même image de l'enfer que lui.

Ils sont pourtant bel et bien en enfer. Inès est la première à le comprendre. D'ailleurs, elle ne se trompe pas lorsqu'elle confond Garcin avec son bourreau : il s'agit d'une première allusion à leur destin. Ils seront bourreaux l'un envers l'autre. Pourtant, les tortures de cet enfer ne sont pas des tortures physiques, mais psychologiques.

Inès est convaincue que tout est planifié et étudié, qu'ils ont été mis ensemble parce qu'ils vont s'insupporter et se faire souffrir psychologiquement. Et c'est le cas :

- Inès exècre Garcin et refuse de la rassurer quant à sa lâcheté ;
- Estelle prend plaisir à rendre Inès jalouse en séduisant Garcin ;
- Garcin la fait souffrir en refusant ses avances.

Les personnages n'ont pas réussi à respecter le silence proposé par Garcin : ils ne peuvent s'empêcher d'interagir, de se révéler et de se regarder. Aussi le mot « nu » (« nu comme des vers », p. 51, 52 et 62 ; « nus jusqu'aux os », p. 65) n'est-il pas anodin : dans cet enfer ils sont nus, soumis au jugement des autres.

Ainsi, l'enfer sartrien n'est pas en totale rupture avec les traditions humaines et catholiques. C'est d'ailleurs un constat de plusieurs critiques de l'époque. En effet, au fil de la pièce, la notion de jugement va se faire de plus en plus prégnante : la torture psychologique provient du jugement mutuel que s'imposent les personnages. Or, le Jugement est un thème présent dans toutes les représentations infernales. En effet, l'homme est jugé sur ses actes par Dieu qui l'envoie en enfer et peut, à terme, lui apporter la rédemption. Mais dans cet enfer, où est Dieu ? Est-il possible pour les personnages de sortir des enfers, c'est-à-dire d'obtenir un pardon ?

La pièce n'évoque jamais réellement Dieu, ou un principe supérieur, et il n'est donné aucune explication sur le fonctionnement des enfers. Sartre balaie la question à l'aide du dialogue absurde entre Garcin et le garçon (voir <u>Style et écriture</u>). Il y a tout un monde infernal, avec des employés, des jours de congé, de la famille, des hommes qui viennent de partout, mais il n'est jamais rien invoqué sur le créateur. L'enfer n'est au fond qu'un contexte, qu'une situation pour les trois personnages.

Sartre et son existentialisme étaient résolument athées. Dès lors, s'il n'y a pas de Dieu, qui punit les hommes en les envoyant en enfer ? Lorsqu'Inès dit que tout a été prévu, de qui parle-t-elle ? De plus, s'il n'y a pas de Dieu, qui juge de ce qui est bien ou de ce qui est mal ? Sartre donne une réponse à cette question dans sa conférence *L'Existentialisme est un humanisme*.

Il y explique qu'en l'absence de Dieu, il n'y a pas de juge absolu qui déciderait de ce qui est bien ou mal. Cela laisse l'homme libre de choisir, libre de faire des choix, libre de décider ce qui est bien ou mal. Cette liberté est à l'origine d'une angoisse existentielle pour l'homme : c'est à lui de poser ses choix et ce sont ses choix qui le définissent. L'homme ne peut pas se justifier en prétendant qu'il n'avait pas d'autres choix, il n'est rien d'autre que ses actes et il se doit de les assumer.

Cela signifie qu'il n'y a pas de bien ou de mal dans l'absolu, il n'y a que des hommes qui se jugent mutuellement. Il est donc intéressant de constater que dans la pièce, ce sont les person-nages qui choisissent les crimes pour lesquels ils ont été envoyés en enfer. Personne n'a dit à Garcin qu'il a été envoyé en enfer parce qu'il était lâche : c'est lui qui évoque sa lâcheté, alors que c'est Inès qui l'en blâme constamment. S'il a également torturé sa femme, il ne s'en inquiète pas. Pour Garcin, son crime n'est pas d'avoir torturé sa femme, mais d'avoir été lâche, lui qui veut se comporter comme un homme. Quant à Inès, elle semble considérer que sa malédiction est d'être homosexuelle, et non d'avoir provoqué la mort de son cousin ou d'avoir faire souffrir sa maîtresse.

Les personnages considèrent qu'ils ont commis une faute, ils ont posé un acte dont ils ont honte et ils se cherchent des excuses en considérant que c'est une malédiction ou qu'ils n'avaient pas d'autre choix. Ils cherchent à ce que l'autre les rassure. Dès lors, ils deviennent l'objet de la pensée de l'autre, l'objet constant de son regard qui, en quelque sorte, lui enlève sa liberté d'action.

L'enfer est donc une métaphore. L'enfer est cette situation où l'on n'arrive plus à sa soustraie au jugement d'autrui, à son regard. L'enfer est cette situation où, obsédé et dépendant de l'autre, il n'est plus possible de vivre sainement. L'enfer pour Sartre est une situation de mauvaises habitudes contre lesquelles l'individu n'a pas ou n'a plus la force d'agir. Il se contente de continuer à répéter les mêmes actions en se convainquant qu'il n'a pas d'autres possibilités d'agir. C'est pourquoi Garcin ne peut pas sortir des enfers. Il est incapable de sortir de ce quotidien malsain et des relations vicieuses qu'il entretient, et pourtant lui seul à la capacité de s'échapper.

Le jugement passe donc par le regard de l'autre qui fait de l'individu un objet de sa pensée. Le regard de l'autre est un élément essentiel dans la condition infernale de l'homme. Les personnages de la pièce n'existent qu'à travers le regard de l'autre – c'est pourquoi le garçon n'est pas un vrai personnage, puisqu'il sort de cette dynamique. Le regard de l'autre est indispensable en l'absence de Dieu. En effet, l'homme ne peut que se définir par ses actes. « L'enfer c'est les autres » (p. 92), la réplique finale de Garcin, ne signifie donc pas que les autres nous font souffrir : au contraire, cela signifie que l'individu est à l'origine de sa propre souffrance, car l'autre lui renvoie l'image de ce qu'il est, et c'est parce qu'il n'accepte pas cette vision de lui que l'homme souffre.

L'être humain est donc dans une perpétuelle recherche du jugement d'un alter ego qui confirmerait ce qu'il est et ce qu'il n'est pas. Cet aspect est brillamment illustré dans la pièce lorsque la porte s'ouvre et que Garcin ne sort pas. La liberté et l'absence de liberté ne sont pas là où les prisonniers s'imaginent qu'elles sont. En réalité, ils ne sont pas enfermés dans le salon Second Empire, mais dans leurs mauvaises habitudes. Si Garcin assumait ses actes, il pourrait sortir sans soucis de ce que pensent ses alter ego.

Pour Sartre, et il reviendra à plusieurs reprises sur cette interprétation, il est incorrect de considérer que toute relation humaine est infernale. Seules les relations viciées et perverties créent pour qui les vit un véritable enfer. Il a ainsi paraphrasé sa pièce en disant qu'« une quantité de gens dans le monde sont en enfer parce qu'ils dépendent trop du jugement d'autrui » (SARTRE (Jean-Paul) et GORE (Keith), Huis clos. *Twentieth Century French Texts*, Abingdon-on-Thames, Routledge, 1987, p. 7).

Le regard d'autrui finit inéluctablement par révéler notre personnalité au grand jour. Garcin essaie de jouer les courageux, mais l'impertinence d'Inès le désarçonne et il se révèle dans toute sa cruauté et sa lâcheté. Lorsque Garcin invite ses deux camardes au silence, c'est encore une façon de fuir le regard des deux autres qui finiraient par le mettre au jour.

La présence de trois personnages implique que l'un des trois est toujours à l'écart, soumis aux regards des deux autres. Lorsqu'Estelle séduit Garcin, elle prend à partie Inès et la soumet à leur regard. Au contraire, lorsqu'Inès cherche à séduire Estelle, c'est Garcin qui est soumis à leur regard. C'est pourquoi une manière pour lui d'échapper à cette objectivation est de rompre le silence qu'il s'impose et de les interroger elles, sur leurs crimes.

Garcin insiste d'ailleurs sur l'importance du regard de l'autre dans sa vie humaine lorsqu'il parle de sa femme et de ses « grands yeux » (SARTRE (Jean-Paul), Huis clos *suivi de* Les Mouches, Paris, Gallimard, 1947, p. 31 et 51). Garcin est apathique et manque de compassion : au fond, il attendait de sa femme qu'elle lui reproche la souffrance qu'il lui infligeait, ce qu'elle ne fera jamais. En écoutant Estelle, il ne verse même aucune larme. Garcin est en recherche constante de pardon, ou plutôt, de justification de ses actes. Il cherche d'ailleurs cette justification chez des personnes qui ont commis des actes aussi viciés.

Garcin ne peut finalement plus se cacher. Inès et Estelle, ainsi que ses amis restés sur terre, savent qu'il est lâche : il n'a plus aucune justification possible, et pourtant il cherche encore une issue pour se soustraire au regard des autres. Nous touchons ici le cœur de la réflexion sartrienne : l'acceptation (et la responsabilité). Garcin est lâche, tout le monde le sait. Soit il s'accepte et assume sa lâcheté, et alors il pourra supporter le regard des autres. Soit il ne se l'avoue pas, et le regard des autres le renverra perpétuellement en enfer.

Le regard de l'autre est par ailleurs représentatif du monde d'apparence propre à la petite bourgeoisie que Sartre a fréquenté. Ce monde est parfaitement représenté par le personnage d'Estelle qui cherche à se regarder dans un miroir, se soucie de la couleur de sa robe, ressent le besoin du désir d'autrui et ne peut supporter l'usage de certains termes qu'elle juge vulgaires. Le monde bourgeois qu'a connu Sartre et qu'il a critiqué toute sa vie est un monde du regard et des conventions. L'attitude de Sartre vis-à-vis de ses conventions a toujours été subversive.

La pièce, écrite dans le contexte de l'Occupation et du régime vichyste, développe par ailleurs cette thématique, ne serait-ce qu'en détournant l'iconographie chrétienne (voir <u>La réception de Huis clos</u>). Il s'agit d'une période où la censure voulue par la mondanité, une sorte de bien-pensance basée sur le regard qu'exécrait Sartre, régissait le pays. La pièce n'est pourtant pas une allégorie aussi évidente que *Les Mouches*, une pièce qui s'attaquait ouvertement au régime de Vichy. Il est toutefois possible d'y lire un message – comme dans nombre des pièces de Sartre – sur la possibilité de l'action et la nécessité de l'engagement dans ce contexte belliqueux, thèse développée par Sartre dans *Qu'est-ce que la littérature ?* (1947).

L'EXISTENTIALISME

L'EXISTENTIALISME SARTRIEN

- L'existentialisme est issu de la phénoménologie qui est un courant philosophique colossal, dont Edmund Husserl (1859-1938) est l'un des plus grands représentants. La phénoménologie s'intéresse aux phénomènes tels qu'ils sont perçus. Elle a influencé des centaines de philosophes en

Allemagne, aux États-Unis et en France, dont Sartre, Maurice Merleau-Ponty, Paul Ricœur (philosophe français, 1913-2005), Emmanuel Levinas (philosophe français d'origine lituanienne, 1906-1995), etc.

- Le précurseur de l'existentialisme est Søren Kierkegaard (1813-1855), un théologien protestant danois. Il existe plusieurs branches de l'existentialisme dont notamment :
  - l'existentialisme chrétien représenté par Kierkegaard, ou encore Karl Jaspers (philosophe et psychiatre allemand, 1883-1969) ;
  - l'existentialisme athée représenté par Sartre, qui a introduit d'une part la phénoménologie allemande et d'autre part l'existentialisme en France.

- La doctrine de l'existentialisme sartrien a été développée par Sartre dans son petit opuscule *L'Existentialisme est un humanisme* et a longuement été développée dans *L'Être et le Néant*. Il y expose les points principaux de sa pensée :
  - il considère que l'homme est libre de ses actions et doit se définir par lui-même.

Il considère donc que l'existence précède l'essence ;
° il considère que l'homme n'a pas de Dieu qui définit ses actes, pas de destin. Il doit se définir et il est entièrement libre dans ses choix ;
° en cela, l'homme diffère des objets (par exemple du coupe-papier) qui ont été définis avec un usage précis.

L'action de l'homme, les mauvaises habitudes et le regard de l'autre sont donc des thèmes importants chez Sartre. Si le regard de l'autre est essentiel, c'est parce qu'il renvoie à l'individu l'image de ce qu'il est. Il s'agit d'une sorte de jugement. Ce jugement est difficile, car l'individu ne peut admettre qu'il n'est rien de plus que ses actions et qu'il jouit d'une condition de totale liberté. Cette condition de totale liberté est liée à l'absence de Dieu, instance supérieure censée guider les hommes et les contraindre. En effet, l'absence de Dieu et la solitude de l'homme face à ses choix et à sa liberté sont donc au cœur de la philosophie de Sartre. C'est à l'homme de choisir, et telle est sa condition humaine.

Toute cette philosophie a été décrite dans un ouvrage intitulé *L'Être ou le Néant* dont *Huis clos* est une sorte de résumé pour le grand public. C'est pourquoi la pièce ne peut être véritablement comprise qu'au regard de l'existentialisme.

Pourtant, de l'aveu de Sartre lui-même, sa philosophie n'est pas destinée au grand public – comme *L'Être et le Néant* le montre avec son vocabulaire extrêmement complexe et ses références ardues. L'existentialisme est une philosophie complexe, et le travail philosophique de Sartre est avant tout un travail de philosophe écrit pour des philosophes dans un langage de philosophe. Néanmoins, sa philosophie, aussi abstruse soit-elle, est censée définir une ligne de conduite pour l'homme et ses actions. Ainsi, les prises de position intellectuelle et politique de Sartre, appuyées sur sa philosophie, l'ont amené à prendre le risque de la vulgariser.

Il s'est donc prêté à l'exercice de la vulgarisation à travers sa conférence *L'Existentialisme est un humanisme*. Il y développe les points principaux de sa philosophie en la distinguant des autres approches de l'humanisme et de l'existentialisme. Il y rend accessibles les points principaux développés dans *L'Être et le Néant*, en répondant notamment aux nombreuses critiques qui lui ont été adressées. Par exemple, les critiques catholiques considèrent qu'en l'absence de Dieu, la condition humaine est absurde. Sartre reconnaît qu'en l'absence de Dieu, il n'y a plus aucune valeur aux choses ; mais il considère que l'homme a dès lors la liberté (voire le devoir) d'en créer lui-même.

Dans ses réflexions, le premier constat de Sartre est que l'existentialisme est devenu une véritable mode. L'auteur lui-même est d'ailleurs devenu pour beaucoup une idole, comme le montre satiriquement Boris Vian avec le personnage de Jean-Sol Partre dans *L'Écume des jours*.

Il remarque ensuite qu'il y a deux sortes d'existentialistes. D'une part les chrétiens, et d'autre part les athées. Il y explique que dans sa vision de l'existentialisme, puisqu'il n'y a pas de Dieu et que l'homme n'a été créé à l'image de personne, il est faux de dire que l'essence précède l'existence.

Pour le faire comprendre, Sartre prend l'exemple du coupe-papier. Il explique que le coupe-papier a été dessiné, conçu et fabriqué dans un certain but, pour remplir une certaine fonction : l'essence du coupe-papier (son plan) précède donc son existence (sa réalité de coupe-papier). Alors que dans le cas de l'homme, au contraire, son existence précède son essence, puisqu'aucun Dieu ne détermine son essence au préalable. L'homme ne naît pas homme, il le devient. Cette conception est à rapprocher évidemment de l'expression de Simone de Beauvoir : « On ne naît pas femme, on le devient. » (DE BEAUVOIR (Simone), *Le deuxième sexe. L'expérience vécue*, t. II, Paris, Gallimard, 1949, p. 13)

Les concepts d'essence et d'existence sont fondamentaux dans la philosophie existentialiste, et plus encore dans la philosophie sartrienne. Parce que l'homme n'est pas créé, parce que son existence précède son essence, l'homme est totalement libre. L'idée principale de Sartre est donc la suivante : si l'homme n'est pas défini à l'avance, c'est donc à lui de décider ce qu'il est, et seules comptent les actions et non les intentions. Ainsi, l'homme est ce qu'il fait.

C'est pour cette raison que Sartre est accusé d'être pessimiste : on ne peut pas être autre chose que ce que l'on fait. Pourtant, Sartre se définit au contraire comme un optimiste, puisque cela signifie que l'homme a entièrement prise sur son existence.

Au cœur de l'existentialisme se situe donc l'idée d'acceptation ou d'assomption : il faut assumer ses actes et ce que l'on est. *Huis clos* prend tout son sens dès lors que le lecteur comprend que les personnages n'assument par réellement leurs actes, ce qui les condamne à vivre l'enfer, soumis à l'approbation du regard des autres.

Sartre a d'ailleurs créé un concept qui lui est propre et qu'il nomme « mauvaise foi ». La mauvaise foi, c'est le refus de la liberté : c'est refuser de poser des actes et continuer à s'inventer des excuses pour ne pas assumer l'existence telle que nous l'avons construite.

La réflexion de Sartre va plus loin lorsqu'il explique que la mauvaise foi consiste à jouer le rôle qui nous a été attribué à notre naissance : le bourgeois joue le bourgeois, le garçon de café joue le garçon de café, etc. Cette liberté n'est pas un message pessimiste, mais au contraire optimiste. La porte des enfers s'ouvre...

Que Garcin ne sorte pas peut être interprété comme un message pessimiste. Pourtant, au contraire, le message de la pièce indique qu'il était libre de partir. Il a fait le choix de rester, car, étant incapable d'accepter ses actes, il est incapable de se soustraire au regard d'autrui. Garcin fait le choix de rester, il ne lui est pas imposé. Ce qui signifie qu'il est possible de faire le choix de partir et d'accepter ses actes. Ainsi, la mauvaise foi est une fuite devant la liberté : l'homme n'accepte pas sa liberté de choisir et justifie ses actes en se trouvant des excuses.

Une analyse complète des thèmes de la pièce est impossible. Non seulement parce qu'il y aura autant d'interprétation que de lecteurs, mais surtout parce que le théâtre et le roman sartriens sont d'une profondeur philosophique qui a amené à l'écriture de centaines de commentaires de critiques littéraires, de philosophes, de sociologues, etc. Aussi est-il impossible de résumer 70 ans d'analyse de *Huis clos*.

Pourtant, l'œuvre peut être lue pour ce qu'elle est : une pièce existentialiste qui, paradoxalement, donne de l'espoir. En effet, sans une connaissance de la philosophie sartrienne, le lecteur peut être amené à lire dans cette pièce une fatalité, une impossibilité pour l'homme à s'échapper de sa condition. Pourtant, il ne tient qu'à lui à ouvrir la porte qui mène hors des enfers.

Si *Huis clos* a parfois pu être caractérisée de tragique, une telle appellation n'est pourtant pas correcte. Le tragique est le genre théâtral dans lequel les hommes sont soumis à une force supérieure, au déroulement d'un événement inéluctable. La pensée sartrienne s'oppose totalement à cette idée. Il n'y a aucune conscience supérieure, aucune fatalité humaine. Il n'y a pas même de condition humaine – puisque l'on devient humain –, sauf celle d'être libre.

Le fardeau de l'homme est d'être libre et d'accepter ou non de poser des choix et d'avoir le poids de les assumer. C'est aux hommes de faire le choix de ne pas être vivant en enfer. Sartre synthétise sa pensée et son message en expliquant que « quel que soit le cercle d'enfer dans lequel nous vivons, je pense que nous sommes libres de le briser. Et si les gens ne le brisent pas, c'est encore librement qu'ils y restent » (SARTRE (Jean-Paul), *Un théâtre de situation*, Paris, Gallimard, 1973, p. 238-239).

STYLE ET ÉCRITURE

DU THÉÂTRE CLASSIQUE...

Huis clos est une pièce en un seul acte. Traditionnellement, selon les usages, une pièce classique se compose de trois à cinq actes. La division en acte n'est évidemment par arbitraire, elle constitue le squelette de la narration dramatique : chaque acte marque un moment de l'action. Par ailleurs, les actes sont eux-mêmes soumis à une subdivision en scènes : celles-ci marquent normalement l'entrée ou la sortie d'un personnage de la scène.

Aussi, apparaît-il indispensable de connaître les règles classiques, ainsi que leur utilité, afin de comprendre en quoi *Huis clos* est une pièce novatrice qui transgresse les règles traditionnelles. Car, si *Huis clos* ne déroge pas entièrement à la règle relative au découpage en scènes – étant donné que la première, la troisième et la quatrième scène marquent effectivement l'entrée d'un personnage –, force est de constater que la deuxième et la cinquième scène sont particulièrement singulières, et ce d'autant plus que les cinq scènes ne composent finalement qu'un seul acte. Comment expliquer ces particularités ?

Premièrement, il est logique, dans la pensée sartrienne, de ne composer la pièce qu'en un seul acte. Il n'y a effectivement qu'une seule action, qu'un seul événement, étiré et étendu sur une éternité : la présence de trois individus en enfer. Si l'action est marquée par des actions secondaires (entrées de personnages, dialogues et disputes, etc.), il ne s'agit que de climax dans le déroulement d'une longue action. Sartre a cherché à construire une pièce caractérisée par sa violence et sa brièveté : une action, peu d'acteurs, un espace-temps extrêmement centré qui s'étale néanmoins sur plusieurs heures – et, *in fine*, sur l'éternité.

Dès lors, *Huis clos* ne déroge que très peu à la règle des trois unités, typiques du théâtre classique : elle stipule qu'une pièce doit se situer en un lieu, durer une journée et ne raconter qu'un événement. La pièce se déroule en un lieu, en un temps (bien qu'il s'agisse de l'éternité) et ne décrit qu'un seul événement.

Nous saisissons ici un des premiers paradoxes de la pièce : elle suit les règles classiques, tout en s'affirmant résolument moderne. Il s'agit, en quelque sorte, d'un véritable détournement des règles traditionnelles, puisqu'au final, il n'y a pas de lieu (l'enfer étant décrit comme un non-lieu, un salon Second Empire dépourvu des objets quotidiens et soumis à des absurdités), pas de temps (l'écoulement du temps diverge de l'écoulement terrestre et se dilate pour l'éternité) et pas vraiment d'action (les personnages discutent, se disputent, vivent leur mort, mais jamais aucun événement particulier n'intervient) : nous touchons donc ici au cœur du théâtre de situation désiré par Sartre.

... AU THÉÂTRE DE SITUATION

Sartre caractérise en effet son théâtre comme étant de situation. Dans l'un de ses ouvrages, *Qu'est-ce que la littérature ?*, Sartre remarque qu'auparavant, dans le théâtre de caractère, les personnages étaient très complexes, car ce théâtre cherchait à mettre en scène les relations entre les diverses personnalités.

Au contraire, le théâtre de situation tel que Sartre cherche à le définir n'a plus pour ambition d'observer les réactions des personnages, mais d'observer comment chacun va trouver sa propre issue compte tenu de la situation dans laquelle il a été plongé. Nous retrouvons ici, dans une certaine mesure, la vision sartrienne de l'homme : l'essence précède l'existence, autrement dit l'homme ne peut se définir que par ses actes dans une situation donnée. Si l'homme ne choisit pas toujours les situations dans lesquelles il évolue, ce qu'il en fera et le sens qui leur donnera dépendra de lui uniquement.

L'objectif de Sartre, qui a longuement théorisé le théâtre de situation, est donc de mettre en scène des personnages ordinaires qui incarnent des issues, des possibilités, auxquelles peuvent s'attacher les spectateurs. Autrement dit, il s'agit d'inviter le lecteur (et le spectateur) à interroger les situations (parfois inextricables) dans lesquelles les hommes se trouvent en enfer. Contrairement au théâtre de caractère qui développe des personnages hagiographiques donnés en exemples et qu'il faut chercher à imiter (comme dans le théâtre tragique), le théâtre de situation tente de construire une réflexion philosophique autour d'une situation donnée. Aussi, le théâtre sartrien abandonne l'aspect moralisateur au profit d'une démarche philosophique.

QUELQUES ÉLÉMENTS DE MISE EN SCÈNE

Une pièce de théâtre ne peut évidemment être analysée selon les mêmes critères qu'un roman. En outre, elle est soumise au regard et à l'interprétation du metteur en scène. Le lecteur – contrairement au spectateur – n'a accès qu'au texte brut et aux quelques indications de mise en scène fournies par l'auteur au sein des didascalies. Aussi, afin d'étudier les quelques éléments de mise en scène, devons-nous nous intéresser aux uniques éléments à disposition du lecteur : à savoir les didascalies et les dialogues.

Le lieu est décrit comme étant une pièce fermée – qui correspond à la scène. La pièce est un salon Second Empire de mauvais goût : il y a trois canapés de trois couleurs différentes, ainsi qu'un bronze de Barbedienne (industriel français, 1810-1892) et un coupe-papier. La pièce ne contient aucun objet du quotidien (par exemple, il n'y a pas de miroir). L'auteur remarque ainsi que les personnages ne sont plus en vie et qu'ils n'en ont donc plus besoin.

Dès lors, pourquoi un coupe-papier et un bronze de Barbedienne ? Le mauvais goût de la pièce renvoie d'une part à une situation bourgeoise, critiquée par Sartre, et d'autre part à une situation fausse – qui, selon Pauly, symbolise la notion de mauvaise foi (PAULY (Rebecca), « *Huis clos*, *Les Mots* et *La Nausée* : le bronze de Barbedienne et le coupe-papier », in *The French Review*, Québec, American Association of Teachers of French, 1987, p. 626-634). Tout y est figé (impossibilité d'éteindre la lumière) et éminemment absurde (un coupe-papier, mais aucun livre).

Il apparaît toutefois qu'au-delà des interprétations accessibles à tous les lecteurs, Sartre a glissé de nombreux clins d'œil permettant une lecture croisée de plusieurs ouvrages : le passage sur la brosse à dents renvoie notamment à un passage de *La Nausée* sur les habitudes.

THÉÂTRE À THÈSE

Si le décor et à la mise en scène contiennent quelques éléments intéressants pour une analyse intertextuelle, ils ne participent que peu au message de la pièce. Le style du théâtre sartrien est complexe et n'a pas toujours été très apprécié par les lecteurs et les critiques. Certains sont par ailleurs assez sévères.

Nous pouvons lire, par exemple, que les pièces de Sartre n'auraient aucun intérêt théâtral. Autrement dit, Sartre ne nourrirait pas de réflexion sur le théâtre, et ce dernier ne serait qu'un moyen de transmettre un message. Son théâtre, plus qu'un théâtre de situation, serait un théâtre de prétexte dont le but réel est de donner une leçon de morale au public (ce qui semble étrange compte tenu de la critique de Sartre envers le théâtre de caractère), pour passer un message philosophique.

Louette (LOUETTE (Jean-François), « Sartre : un théâtre d'idées sans idées de théâtre ? », in *Les Temps Modernes*, Paris, Gallimard, 2005, p. 208-255) rapporte que pour certains, les personnages ne feraient que s'affronter dans leur dialogue et réfléchiraient trop. En d'autres termes, le théâtre de Sartre ne serait pas réaliste : personne ne réfléchirait comme ces personnages réfléchissent en pareilles situations.

En bref, Sartre aurait de bonnes idées, mais une mauvaise mise en scène, ce que Louette résume par une simple question : s'agirait-il d'un théâtre d'idées sans idée de théâtre ? Toutefois, toujours selon Louette, l'origine du problème prend racine dans la conception française de l'art. Selon lui, en France, le public n'apprécierait pas la rencontre entre les idées et l'art. D'une certaine manière, le théâtre serait encore perçu selon sa vision romantique (l'effusion spontanée de sentiments) et n'aurait pas été intellectualisé.

Les pièces de Sartre servent effectivement parfois uniquement d'étendard à ses idées. Le type de pièces et de romans qu'écrivait Sartre est ce que l'on appelle des œuvres à thèses, c'est-à-dire des œuvres littéraires dont le but est d'exposer une thèse qui porte sur le monde, à travers une histoire qui l'illustre. Sartre utilise plusieurs techniques afin de transmettre ses thèses.

Premièrement, il utilise l'allégorie. Cette technique consiste à créer un système d'équivalence entre des éléments fictifs et des éléments réels. Particulièrement présente dans *Les Mouches*, l'allégorie permet ainsi de traduire que la ville d'Argos représente Vichy, qu'Égisthe représente Pétain (homme d'État français, 1856-1951), etc. Si nous appliquons l'interprétation de Louette à *Huis clos*, nous pouvons évidemment voir dans le trio infernal une allégorie de la situation que Sartre a lui-même vécue (voir <u>L'œuvre en contexte</u>).

Deuxièmement, Sartre a tendance à utiliser la technique du porte-parole. Autrement dit, il intervient dans le récit à travers un personnage, par sa bouche, afin de donner sa propre opinion sur la situation. Par exemple, lorsque Garcin affirme, en véritable philosophe, que « l'enfer c'est les autres » (p. 92), c'est l'opinion sartrienne que nous retrouvons.

Selon Louette, Sartre fait également usage de la dialectique. Cette troisième technique est particulièrement singulière : la dialectique est une méthode de raisonnement philosophique qui repose sur la logique. Il s'agit, en quelque sorte, de considérer des faits et opinions opposés afin d'accéder à la vérité.

Louette illustre cette idée en étudiant *Le Diable et le Bon Dieu* (1951). Dans cette pièce, le parcours du personnage suit un raisonnement dialectique : premièrement, il agit mal ; ensuite, il cherche la perfection ; enfin, il comprend qu'il doit embrasser la voie du milieu. À travers le parcours de son personnage, Sartre présente sa propre opinion : il interroge le mal, il interroge le bien, et enfin il conclut que l'homme se situe au-delà de ces deux pôles.

Nous retrouvons une structure similaire dans *Les Mains sales* (1948), où Sartre introduit dans sa dialectique deux nouveaux pôles : le réalisme communiste représenté par un personnage, l'idéalisme bourgeois représenté par l'autre, qui refuse de se salir les mains. Louette remarque néanmoins qu'à travers cette dialectique, les per-sonnages interrogent leurs actes, mais n'agissent jamais, ou tout du moins ont du mal à agir.

Mais qu'en est-il dans *Huis clos* ? Les personnages discutent beaucoup et agissent peu. Pire encore : il s'agit de discussions interminables sur des actes passés. À travers Garcin qui souffre de remords à cause de sa désertion, Sartre montre que la tension dramatique ne se situe pas uniquement avant l'acte ou pendant l'acte (comme le montre *Les Mains sales*), mais aussi après l'acte.

Selon Louette, le spectateur est littéralement séquestré dans les questionnements interminables des personnages de la pièce, provoquant un sentiment d'inconfort qui caractériserait le théâtre de Sartre : nous ne sommes pas dans le théâtre de caractère – théâtre bourgeois qui repose sur l'identification –, mais nous ne nous retrouvons pas non plus dans un théâtre froid. Il s'agirait d'un « théâtre qui remue les idées du spectateur », et qui chercherait à « conjuguer réflexion et émotion [...], le tout non sans rudesse » (VINAVER (Michel), cité par LOUETTE (Jean-François), « Sartre : un théâtre d'idées sans idées de théâtre ? », in *Les Temps Modernes*, Paris, Gallimard, 2005, p. 231).

LA RÉCEPTION DE *HUIS CLOS*

La vitalité de *Huis clos* témoigne de sa réception. Près de 70 ans après sa première représentation, le texte est toujours joué, étudié et cité comme étant une référence. Cette notoriété est due, d'une part, à la propre notoriété de Sartre, et d'autre part, aux qualités intrinsèques de la pièce qui est un vade-mecum existentialiste.

La pièce et son contexte de représentation ont pourtant provoqué quelques polémiques, en France et outre-Atlantique, notamment à cause de son public en partie composé d'officiers allemands. En effet, nombreuses sont les polémiques au sujet de l'attitude de Sartre durant la période d'Occupation. Ses détracteurs exposent ainsi plusieurs épisodes troublants, dont celui du Lycée Condorcet où Sartre remplace un professeur révoqué, car juif. La vérité se trouve évidemment entre ceux qui adulent Sartre et ceux qui pratiquent le *Sartre bashing*.

Ainsi, il convient de rappeler que la pièce a été écrite, montée et produite sous l'Occupation. Il faut par ailleurs se rappeler que Sartre avait présenté environ un an avant la pièce *Les Mouches*, métaphore de l'Occupation. *Huis clos*, par son ancrage dans la même philosophie, traite d'un thème similaire. En d'autres termes, eu égard à la période trouble durant laquelle Sartre a écrit ses pièces, il n'est guère pertinent de chercher à juger l'auteur et à nourrir polémique sur polémique.

Afin d'appréhender avec justesse la réception de l'œuvre, il ne faut donc pas s'arrêter à sa réception actuelle, mais bien remonter à celle qu'elle a connue lors de sa sortie. Particulièrement violentes sont les critiques d'extrême droite : Robert Francis, de son vrai nom Jean Godmé (écrivain français, 1909-1946), estime par exemple que « Sartre a levé la jambe afin de permettre à ses amis de venir renifler son petit pipi » (GALSTER (Ingrid), *Sartre devant la presse d'Occupation*, Rennes, PUF, 2005, p. 24). Pierre Drieu la Rochelle, quant à lui, semble passer à côté du message principal de la pièce, puisqu'il n'en retient que la figure de l'enfer dans laquelle il voit une sorte de réminiscence chrétienne étonnante chez Sartre, qu'il qualifie par ailleurs de communiste.

Les autres critiques ne sont guère plus tendres. Certains cherchent même à faire interdire la pièce, comme l'indique une note à l'intention de René Rocher (comédien français, 1890-1970), chargé par Vichy de surveiller la production théâtrale. Toutefois, la pièce ne sera pas censurée. Peut-être parce que, malgré l'immoralité des personnages, ils sont envoyés en enfer, ce qui correspond à la morale vichyste ? Ou parce que, contrairement à la pièce *Les Mouches*, le discours anti-vichyste est moins présent ? Toujours est-il que la pièce fut un véritable succès. Le jour de la première, la salle était remplie des partisans et des adversaires de Sartre.

La pièce a connu un succès mondial : traduite dans des dizaines de langues et représentée dans des centaines de théâtres dans tous les pays du monde, elle provoque toujours un lot de polémiques, comme le montre, par exemple, la représentation brésilienne en 1950 qui fut censurée par les communistes et les représentants catholiques.

Cette censure est assez symptomatique, car elle représente la position complexe de Sartre. Sa philosophie de la liberté s'oppose grandement à la vision communiste, tandis que son athéisme irrite les catholiques. Ces divergences d'interprétation (Drieu la Rochelle qualifiait la pièce de communiste) montrent combien la pièce et la pensée sartrienne ne peuvent être réduites à un courant politique.

La pièce n'a étrangement pas connu de nombreuses adaptations dans d'autres médias. Elle compte quelques adaptations télévisuelles, une adaptation à l'opéra ainsi que plusieurs adaptations cinématographiques dont la plus connue est une réalisation américano-argentaise du réalisateur polonais Tad Danielewski (1921-1993) accompagné d'Orson Welles (réalisateur américain, 1915-1985) intitulé *No Exit* (1962). L'adaptation a été présentée au douzième Berlinale en 1962 où les deux actrices ont été récompensées de l'Ours d'argent de la meilleure actrice.

Ce nombre réduit d'adaptations traduit en réalité de l'impossibilité pour une telle pièce de passer sur un écran de cinéma. Bien que les visions du cinéma divergent, la définition apportée par

André Bazin (critique de cinéma français, 1918-1958) explique en quelque sorte l'échec de *Huis clos* au cinéma.

Pour Bazin (« Théâtre et cinéma », in *Esprit*, n° 180, 1995, p. 891-905), le cinéma est un art de l'action, de l'image en mouvement, autrement dit du montage. Filmer une pièce de théâtre ou un dialogue ne suffit pas à faire du cinéma. Un huis clos philosophique demande évidemment des qualités de mise en scène exceptionnelle. Si *Huis clos* n'a pas connu beaucoup d'adaptations, il reste que quelques huis clos philosophiques ont vu le jour, notamment *The Rope* (1948) d'Alfred Hitchcock (cinéaste britannique naturalisé américain, 1899-1980), que Bazin considère comme un chef-d'œuvre en analysant l'œuvre selon sa vision, éminemment sartrienne.

Votre avis nous intéresse !
Laissez un commentaire sur le site de votre
librairie en ligne
et partagez vos coups de cœur sur les réseaux
sociaux !

BIBLIOGRAPHIE

SOURCES BIBLIOGRAPHIQUES

- Atelier Théâtre Jean Vilar, « Huis clos, Dossier pédagogique », in *atjv.be*, consulté le 10 avril 2017. http://www.atjv.be/files/spectacle/21.pdf

- BAYARD (Pierre), *Aurais-je été résistant ou bourreau ?*, Paris, Gallimard, 2003.

- BAZIN (André), « Théâtre et cinéma », in *Esprit*, n° 180, 1995, p. 891-905.

- COHEN-SOLAL (Annie), *Sartre : un penseur pour le XXIe siècle*, Paris, Gallimard, 2005.

- DE BEAUVOIR (Simone), *La Force de l'âge*, Paris, Gallimard, 1986.

- DE BEAUVOIR (Simone), *Le deuxième sexe. L'expérience vécue*, t. II, Paris, Gallimard, 1949.

- DE GOOREBYTER (Vincent), « *L'espoir maintenant*, ou le mythe d'une rupture », in *cairn.info*, consulté le 29 juillet 2017. https://www.cairn.info/revue-les-temps-modernes-2004-2-page-205.htm#no4

- DUPUIS (Jérôme) et GADLER (Ingrid), « Sartre, années noires », in *lexpress.fr*, consulté le

10 avril 2017. http://www.lexpress.fr/culture/livre/
sartre-annees-noires_1578702.html

- « Entre Quatro Paredes » in *enciclopediaitau-cultural.org*, 23 février 2017, consulté le 14 novembre 2017. http://enciclopedia.itaucultural.
org.br/obra62870/entre-quatro-paredes

- GALSTER (Ingrid), *Sartre devant la presse d'Occupation*, Rennes, PUF, 2005.

- LESTIENNE (Camille), « Prix Nobel de littérature : les raisons du refus de Sartre », in *lefigaro.fr*, 22 octobre 2014, consulté le 13 novembre 2017. http://www.lefigaro.fr/histoire/
culture/2014/10/22/26003-20141022ARTFIG00081-prix-nobel-de-litterature-les-raisons-du-refus-de-sartre.php

- LOUETTE (Jean-François), « Sartre : un théâtre d'idées sans idées de théâtre ? », in *Les Temps Modernes*, Paris, Gallimard, 2005.

- MARTIN (Andy), *The Boxer and The Goal Keeper : Sartre Versus Camus*, New York, Simon & Schuster UK, 2012.

- PAULY (Rebecca), « *Huis clos, Les Mots* et *La Nausée* : le bronze de Barbedienne et le coupe-papier », in *The French Review*, Québec, American Association of Teachers of French, 1987, p. 626-634.

- ROUMÉGOUX (Céline), « *Huis clos* de Sartre : la scène d'exposition », in *weblettre.net*, consulté le 10 avril 2017. http://www.weblettres.net/blogs/article.php?w=MonplaisirLett&e_id=57863

- SARTRE (Jean-Paul) et GORE (Keith), Huis clos. *Twentieth Century French Texts*, Abingdon-on-Thames, Routledge, 1987.

- SARTRE (Jean-Paul), *Huis clos* suivi de *Les mouches*, Paris, Gallimard, coll. « Folio », 1947.

- SARTRE (Jean-Paul), *L'Existentialisme est un humanisme*, Paris, Gallimard, coll. « Folio essais », 1996.

- SARTRE (Jean-Paul), *Situation IV*, Paris, Gallimard, 1964.

- SARTRE (Jean-Paul), *Un théâtre de situation*, Paris, Gallimard, 1973.

- SCHLESSER (Gilles), *Mouloudji*, Paris, L'Archipel, 2009.

- SIQUEIRA ANDRIAÇA (Aline) et DE PONTES BARRIO (Bruno), « *Huis clos* : la pièce », in *huitsclos.blogspot.be*, consulté le 10 avril 2017. http://huitclos08.blogspot.be

SOURCES COMPLÉMENTAIRES

- BONNET (Marie-Jo), « Simone de Beauvoir ou l'ambivalence d'une femme normale », in *ciudaddemujeres.com*. ciudaddemujeres.com/

EspecialSBeauvoir/PDF/Ellas/SimoneDeBeauvoir-MJBonnet(fr).pdf

- BONNET (Marie-Jo), *Simone de Beauvoir et les femmes*, Paris, Albin Michel, 2015.

- BROOKS (François), « L'existentialisme », in *philo5.com.* http://www.philo5.com/

- COHEN-SOLAL (Annie), *Album Jean-Paul Sartre*, Paris, Gallimard, coll. « Pléiade », 1991.

- DEVARRIEUX (Claire), « Il fait Beauvoir », in *libération.fr.* next.liberation.fr/livres/2004/04/22/il-fait-beauvoir_476902

- HAYAT (Jeannine), « Ambiguïtés de Simone de Beauvoir ? », in *huffingtonpost.fr*, 5 octobre 2016. http://www.huffingtonpost.fr/jeannine-hayat/ambiguietes-de-simone-de-beauvoir_b_9063160.html

- LABOSSE (Lionel), « *L'Invitée*, de Simon de Beauvoir », in *altersexualite.com*, 15 novembre 2011. http://www.altersexualite.com/spip.php?article661#nb1

- LE FORESTIER (Laurent), « La "transformation Bazin" ou Pour une histoire de la critique sans critique », in *1895.revues.org.* https://1895.revues.org/3777

- RIDING (Alan), And the Show Went On : Cultural Life in Nazi-Occupied Paris, New York, Vintage, 2011.

- SAPIRO (Gisèle), *La Responsabilité de l'écrivain. Littérature, droit et morale en France, XIXe- XXIe siècle*, Paris, Seuil, 2011.

- SARTRE (Jean-Paul), *L'Être et le Néant*, Paris, Gallimard, coll. « Tel », 1943.

- SARTRE (Jean-Paul), *Les Mains sales*, Paris, Gallimard, coll. « Folio », 1948.

- SARTRE (Jean-Paul), *Qu'est-ce que la littérature ?*, Paris, Gallimard, coll. « Folio essais », 1948.

- SMITH (Greg), « Reflecting on the Image : Sartrean Emotions in the Writings of Andre Bazin ». http://www2.gsu.edu/~jougms/bazinsartre.pdf

- YONNET (Paul), « Sartre-Beauvoir : la nausée », in *lexpress.fr*, 2 novembre 2006. https://www.lexpress.fr/informations/sartre-beauvoir-la-nausee_676275.html

DOCUMENTAIRE

- *Camus, Sartre : une amitié déchirée*, documentaire de Joel Calmettes, France, 2014.

ADAPTATIONS

- *Huis clos, film de Jacqueline Audry, avec Arletty, Frank Villard et Gaby Sylvia, France, 1954.*

- *No Exit*, film de Tad Danielewski et Orson Welles

(non crédité), avec Morgan Sterne, Viveca Lindfors et Rita Gam, États-Unis/Argentine, 1962.

- *Huis clos*, téléfilm de Michel Mitrani, avec Judith Magre, Evelyne Rey et Michel Auclair, France, 1965.

- *No Exit*, opéra composé par Andy Vores, États-Unis, 2008.

SOURCES ICONOGRAPHIQUES

- Jean-Paul Sartre et Simone de Beauvoir à Pékin en 1955. La photo reproduite est réputée libre de droits.

- Représentation de *Huis clos* à Athènes en 2002. © KsKal

Éditeur responsable : Lemaitre Publishing
Avenue de la Couronne 159 | BE-1050 Bruxelles
info@lemaitre-editions.com

ISBN ebook : 978-2-8062-7600-1
ISBN papier : 978-2-8062-7601-8
Dépôt légal : D/2017/12603/900
Couverture : © Lisiane Detaille.

Conception numérique : Primento,
le partenaire numérique des éditeurs.